Jules

Nina

Mamielle

Papa

Tirex

À Capucine, Gaspard et Albina,
mes trois dévoreurs de contes.

 Direction artistique : Bruno Bonnel assisté de Julie Agor
Responsable de la collection : Anne-Sophie Dreyfus
Conception graphique : Millefeuille Design
Mise en page : Philip Garcia
© Hatier, Paris 2014
ISBN : 978-2-218-97183-9
Tous droits de reproduction et d'adaptation réservés pour tous pays.
Loi n° 49956 du 16 juillet 1949 sur les publications destinées à la jeunesse.

Achevé d'imprimer en France par Loire Offset Titoulet
Dépôt légal n° 97183-9/01 - décembre 2013

PAPIER À BASE DE
FIBRES CERTIFIÉES

Hatier s'engage pour
l'environnement en réduisant
l'empreinte carbone de ses livres.
Celle de cet exemplaire est de :
400 g éq. CO_2
Rendez-vous sur
www.hatier-durable.fr

Gérard Moncomble

7 histoires du soir

racontées par

la famille Pluche

Sommaire

La famille Pluche raconte

L'histoire de *Jules*

L'histoire d'*Oma*

Rockagogo

À la Villa Mondoudou, la promenade du dimanche, c'est sacré. Oma propose d'aller cueillir des jonquilles dans les bois. Jules râle, comme d'habitude. Mamielle prétend qu'elle a mal aux pieds et papa grogne qu'il y a un match de foot à la télé. Mais Oma s'est déjà habillée et s'impatiente.

Nina, elle, ne bouge pas d'un pouce. Oma fronçant les sourcils, Opa annonce :

– Nina est autorisée à rester ici.

Jules rouspète que « C'est pas juste, pourquoi elle et pas moi ? », et chacun se pose des questions. Nina prépare quelque chose, mais quoi ?

Dès qu'elle est seule, Nina fonce dans le bureau d'Opa. Elle met une cassette dans le magnétophone, comme Opa lui a appris.

La chanson s'appelle *Rockagogo* et ça balance. Nina se trémousse. Hop, hop, hop ! les jambes tricotent, les bras gigotent. Ses deux nattes dansent avec elle.

Au bout de dix fois, Nina est au point. Ça tombe bien, elle entend la famille rentrer.

Elle prend du papier, des feutres de couleurs et écrit :

PROGRAMME
aujourd'hui
super spectacle
de danse
dans le salon
(c'est moi la danseuse)

Elle plie soigneusement la feuille et appelle Opa. La porte s'ouvre sur Jules.

– Qu'est-ce que tu fais ? Tu écoutes le magnophone d'Opa ?

– On dit « magnétophone », banane ! Laisse-moi tranquille.

– Je veux écouter aussi.

Nina se fâche tout rouge.

– Tu t'en vas ou je te zappe.

Jules fait les yeux ronds :

– Tu quoi ?

– Je te débranche ! J'enlève tes piles ! Compris ?

Jules réfléchit une seconde et s'en va. Pas content, Jules. Opa entre à son tour. Il a le droit, lui, puisqu'il est dans le secret.

– Alors, tu es prête ?

– Oui, mais il faut installer la salle.

Ils filent dans le salon et alignent fauteuils, poufs, chaises.

– Qu'est-ce qu'il se passe ? demande Mamielle.

Nina lui tend son billet. Mamielle lit le programme à haute voix.

– Formidable ! s'écrie maman, tandis que papa glousse :

– C'est gratuit, j'espère ?

Nina hausse les épaules. Quel bêta, ce papa ! On ne fait pas payer l'entrée à la famille, voyons !

– Ça commence dans cinq minutes ! lance-t-elle.

Elle court dans le bureau d'Opa, pour chercher le magnétophone. Mais une surprise l'attend. Mauvaise.

Sur le tapis, il y a une choucroute en plastique. Au milieu, Camomille, sur le dos, les pattes emmêlées dans la choucroute. Plus loin, la cassette vide. Et assis en face de tout ça, Jules.

Nina pâlit.

– Tu…tu… elle bafouille.

– Tutu quoi ? dit Jules avec un petit sourire.

Opa surgit. Il regarde d'un air furieux la cassette fichue.

– C'est pas moi ! dit Jules en quittant précipitamment la pièce.

Opa soupire, entoure de son bras les épaules de sa petite-fille qui sanglote.

– J'ai plus de musique pour danser, Opa.

– Ne t'en fais pas. On va arranger ça.

Opa ramasse la cassette, déchiffre le titre.

– *Rockagogo* ? C'est chouette, hein ?

Nina hoche la tête. À travers ses larmes, elle voit Opa agiter un harmonica. Il se le cale dans la barbe et se met à jouer *Rockagogo* !

– Opa, t'es génial ! murmure-t-elle, bouche bée.

– Un peu, tiens. On y va ?

Trois minutes plus tard, le spectacle démarre.

Toute la famille est là. Sauf Jules, caché dans les toilettes pour bouder.

Il n'y en a que pour Nina, ici. Nina la star, Nina la princesse, Nina la chouchoute. Trop, c'est trop. Et lui, il compte pour du beurre ?

Mais quand il entend le grand orchestre des Pluche, il court les rejoindre. Casseroles, couvercles, cuillères en bois, chacun accompagne l'harmonica d'Opa. Et ça balance d'enfer ! Nina est déchaînée !

Bienvenue, Jules !

Rockagogo à Mondoudou,

c'est un show fou, fou, fou !

*Et maintenant les enfants,
si on se racontait des histoires ?*

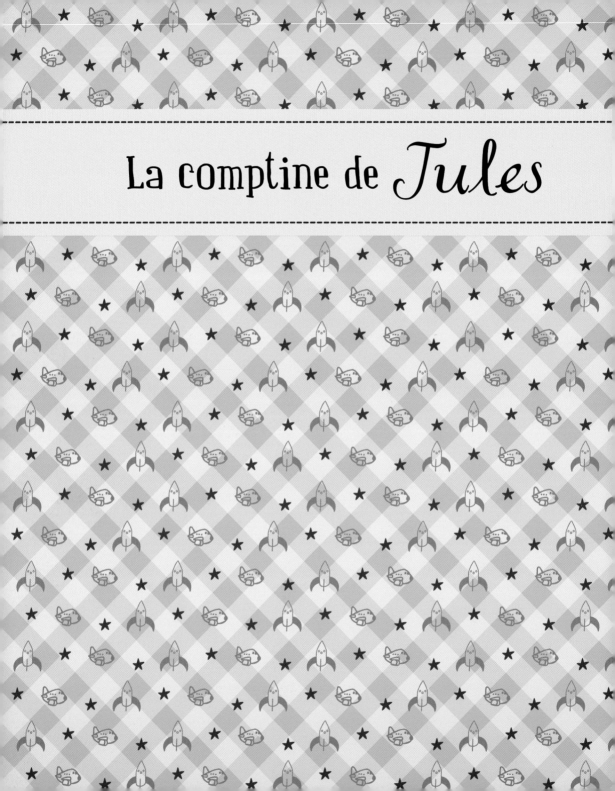

La comptine de Jules

Pépins de lapin

illustré par Hervé Le Goff

Aujourd'hui, c'est moi qui raconte le premier, hein papa ?

Celui qui n'est pas d'accord, tant pis.

Nina, arrête de bouger, s'il te plaît. Vous êtes prêts ?

Attention, je commence. Ça va vous faire rire, j'en suis sûr.

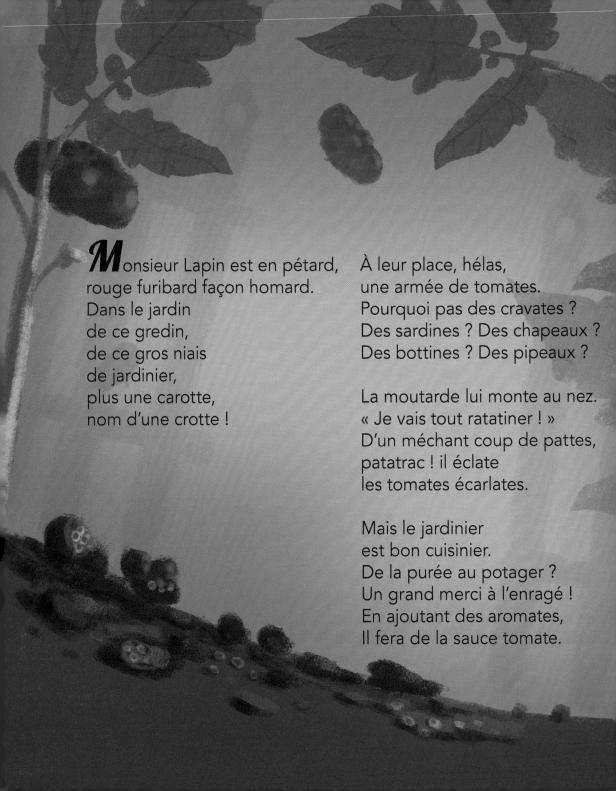

Monsieur Lapin est en pétard,
rouge furibard façon homard.
Dans le jardin
de ce gredin,
de ce gros niais
de jardinier,
plus une carotte,
nom d'une crotte !

À leur place, hélas,
une armée de tomates.
Pourquoi pas des cravates ?
Des sardines ? Des chapeaux ?
Des bottines ? Des pipeaux ?

La moutarde lui monte au nez.
« Je vais tout ratatiner ! »
D'un méchant coup de pattes,
patatrac ! il éclate
les tomates écarlates.

Mais le jardinier
est bon cuisinier.
De la purée au potager ?
Un grand merci à l'enragé !
En ajoutant des aromates,
Il fera de la sauce tomate.

L' histoire d'Oma

Le grenier vivant

illustré par Leïla Brient

C'est vrai qu'elle est drôle, ta comptine.

Ce Monsieur Lapin a une passion pour les carottes.

Moi, quand j'étais lapine, euh, je veux dire,

quand j'étais petite, je détestais ça. Ton lapin en colère,

ça me rappelle un vieux roi furibard qui vivait au grenier.

Oui, ici, dans notre grenier. Tu ne me crois pas, Nina ?

Aujourd'hui, le grenier vous sert de salle de jeu, les enfants.

Mais autrefois c'était un endroit magique et mystérieux.

Très mystérieux. Voulez-vous tout savoir ?

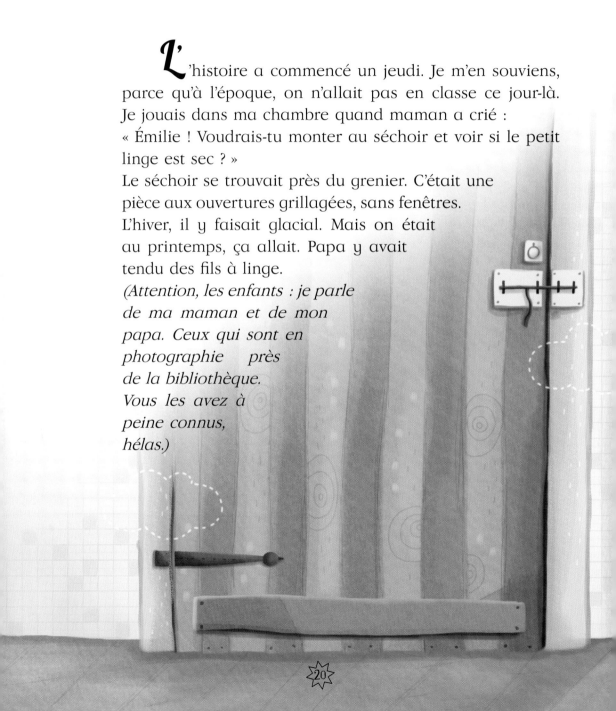

L'histoire a commencé un jeudi. Je m'en souviens, parce qu'à l'époque, on n'allait pas en classe ce jour-là. Je jouais dans ma chambre quand maman a crié :
« Émilie ! Voudrais-tu monter au séchoir et voir si le petit linge est sec ? »
Le séchoir se trouvait près du grenier. C'était une pièce aux ouvertures grillagées, sans fenêtres. L'hiver, il y faisait glacial. Mais on était au printemps, ça allait. Papa y avait tendu des fils à linge.
(Attention, les enfants : je parle de ma maman et de mon papa. Ceux qui sont en photographie près de la bibliothèque. Vous les avez à peine connus, hélas.)

Donc, moi, toute contente, j'ai escaladé l'escalier du grenier. J'adorais ramasser le linge propre, le plier dans une
corbeille. Ça sentait bon. D'ailleurs, j'aime toujours ça.
Là-haut, le vent faisait claquer les draps. Mais ceux-là, je
ne m'en occupais pas. Trop grands, trop lourds. Comme
j'étais maigrichonne (j'avais sept ans), je ne ramassais que
le petit linge. Les culottes, les maillots, les chaussettes…
J'avais déjà presque tout décroché quand j'ai entendu un
rire. Ça venait du grenier, à côté du séchoir. J'ai couru
jusqu'à la porte et j'y ai collé l'oreille. Il m'a semblé que

le rire recommençait. Un petit rire léger, doux et frais comme un mouchoir repassé. J'ai installé un tabouret devant la porte et j'ai tenté de regarder par le carreau du haut. Évidemment, c'était aussi sombre qu'un trou de nez ! Et la porte était fermée par un gros verrou.

« Tu as fini, Émilie ? » a crié maman.

Je me suis empressée de redescendre avec ma corbeille pleine. N'empêche, le rire me trottait dans la tête. J'ai demandé :

– Qui habite au grenier ?

– Des souris, sans doute. Pourquoi ?

– Comme ça.

Des souris qui rient, je n'y croyais pas une seconde. Mais comme maman me regardait d'un drôle d'œil, j'ai changé de sujet. Les mamans, ça devine toujours tout.

Cette nuit-là, j'ai entendu des bruits au-dessus de ma tête :

le plancher du grenier tremblait. Quelqu'un marchait, là-haut. De nouveau, il y a eu un petit rire, puis d'autres, en cascade. J'ai dû m'enfouir sous la couette pour réussir à m'endormir.

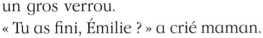

Le lendemain, au retour de l'école, je suis montée au grenier. J'ai ôté le verrou, poussé doucement la porte. Mon cœur battait très fort. Dans la pénombre, je distinguais de vagues formes. J'ai avancé lentement.

Soudain, un rayon de soleil a traversé la lucarne du toit. C'était comme si une lampe s'était allumée. J'ai vu une grande robe blanche pendue à un cintre, un landau. Plus loin, il y avait un cheval à bascule, l'étui d'un violon. Un vrai bric-à-brac ! Sur un mur étaient posés trois vélos, près d'une grosse bonbonne en verre et d'un mannequin de couturière...

Un nuage a masqué le rayon de soleil et tout est redevenu sombre.

J'ai refermé la porte. Un peu déçue, quand même. Mais j'attendais la nuit.

C'est la musique qui m'a réveillée. Une mélodie très gaie. Et des pas vifs, joyeux. J'avais l'impression que la maison entière dansait ! Mais non. Papa et maman dormaient paisiblement. J'ai pris une torche électrique et j'ai grimpé à l'étage. La musique et les pas devenaient de plus en plus forts. Comme je n'avais pas fermé le verrou (*maligne, Oma, hein les enfants ?*), je n'ai eu qu'à pousser la porte.

Et là… là… rien ! Tout était silencieux, immobile. La robe, le mannequin, les vélos étaient à leur place, comme la veille. Sapristi, c'était trop fort ! À travers la lucarne, la figure blanche de la lune semblait se moquer de moi.

Très contrariée, je suis retournée au lit. Je n'ai pas réussi à me rendormir. Déjà, je pensais à la nuit suivante.

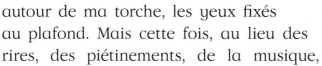

La journée d'école a été très longue. Et la soirée ! In-ter-mi-na-ble ! Enfin, tout le monde s'est couché. Moi, j'étais prête, la main serrée autour de ma torche, les yeux fixés au plafond. Mais cette fois, au lieu des rires, des piétinements, de la musique, **j'ai entendu des pleurs.** Quelqu'un sanglotait au-dessus de moi. Par moment, une grosse voix résonnait. Comme celle de papa, quand je fais des bêtises.

J'ai pris le chemin du grenier, la gorge nouée. Et j'ai passé la tête par la porte entrouverte.

C'était… c'était tout simplement **incroyable.** Un bonhomme ventru, couronné d'or, grondait une jeune fille en robe blanche. Elle sanglotait.

> – Je t'interdis d'épouser ce gredin ! disait le roi. Tu es une princesse. Ce qu'il te faut, c'est un prince. Pas autre chose, nom d'une sangsue !

J'étais effarée. Mais ce qui a suivi a dépassé les bornes. Dans un galop furieux, un cavalier a surgi de l'obscurité et, sans même ralentir, s'est emparé de la princesse. Comme ça, hop ! Puis le cheval a bondi à travers la lucarne ouverte. Un instant stupéfait, le roi a hurlé : « Gardes ! Pourchassez-les ! » et trois soldats se sont rués derrière eux. Ils pédalaient sur leurs vélos, renversant tout sur leur passage. Mais ils étaient trop lents, trop maladroits. Ah, il fallait être vif pour attraper un amoureux enlevant sa bien-aimée !

C'était au tour du roi de se lamenter. Il gémissait :
« Ma fille kidnappée par un violoniste ! N'est-ce pas terrible, mon cher prince ? »
À côté de lui, le prince hochait la tête tristement. À son air malheureux, j'ai compris que c'était à lui que le roi destinait sa fille. Mais il n'y avait **plus rien à faire**. Le musicien et sa princesse étaient loin à présent. Et moi, les enfants, j'avais assisté à cette cavalcade magnifique.
C'est à cet instant que j'ai entendu la voix de papa.
« Émilie ? Qu'est-ce que tu fais là ? »
Je me suis retournée d'un coup. J'ai balbutié :
– Toi aussi, tu as tout entendu ?
– Entendu quoi ?

– Le galop, les cris des soldats ! Tout, quoi !

Papa s'est accroupi près de moi.

– C'est sans doute ce qui m'a réveillé, a-t-il murmuré en souriant.

Il m'a prise dans ses bras et nous avons redescendu l'escalier. Après m'avoir recouchée, papa s'est assis près du lit. Alors, je lui ai raconté ce que j'avais vu. Tout, dans les moindres détails. Jusqu'au gros chagrin du roi.

– Il a eu ce qu'il méritait, a dit papa. On ne marie pas sa fille contre son gré, ça non.

Puis il m'a embrassée et a quitté la chambre.

J'ai merveilleusement dormi, cette nuit-là. Comme le lendemain, c'était dimanche, j'ai même fait la grasse matinée. Sitôt réveillée, j'ai pensé à la princesse, bien sûr. Aussitôt, j'ai filé au grenier sur la pointe des pieds. La porte était fermée, le verrou tiré. J'ai attrapé le tabouret et regardé par le carreau. De la lucarne tombait un large rayon de soleil qui éclairait la pièce entière.

Et là, j'ai eu chaud au cœur.

La robe blanche avait disparu, comme le cheval à bascule et le violon. Envolés, la princesse et le musicien ! Il ne restait plus que la bonbonne, le mannequin et les trois vélos.

La bonbonne semblait maussade. J'ai pensé : « Bien fait ! Bien fait ! »

J'étais heureuse pour la princesse qui allait vivre une belle histoire d'amour. Je suis restée longtemps le nez collé sur la vitre, à me rappeler la scène extraordinaire de la nuit. Puis j'ai rejoint papa et maman pour déjeuner. Ils m'attendaient. Papa a dit, avec un sourire en coin :
– Ça va comme tu veux, Émilie ?
J'ai hoché la tête. Oui, oui, tout allait pour le mieux. *Comme vous, les enfants, moi, j'aimais les histoires qui finissent bien.*

L' histoire de Papa

Le soleil dans la nuit

adapté de la mythologie égyptienne
illustré par Éric Puybaret

La nuit est tombée, les enfants. On dit que le soleil s'est couché,
mais c'est pour rire. Le soleil ne cesse jamais de briller.
Il disparaît parce que notre terre tourne sur elle-même.
On ne le voit plus et pourtant il éclaire l'autre côté.
Ce pauvre soleil n'a jamais un instant de répit.
Les anciens Égyptiens, eux, pensaient que le soleil avait créé
la nuit pour se reposer. Vous voulez savoir comment ?
Écoutez.

*É*clairés par Rê, le dieu soleil, les hommes et les animaux d'Égypte vivent paisiblement. Vient le moment où Rê se lasse de parcourir sans cesse les cieux dans sa barque d'or. Voilà des siècles et des siècles qu'il n'a pas eu un moment de repos, le malheureux. Il vieillit, quoi. Il aimerait faire la sieste, comme Opa.
Alors, **il invente la nuit.** Tandis qu'il s'absentera, Thot, le dieu de la connaissance, surveillera l'Égypte sous la forme d'une lune.

Où donc Rê a-t-il choisi de se reposer ? Dans le territoire des morts. Là où, croit-il, règnent le silence et la paix. On verra qu'il se trompe.

Après avoir éclairé la terre d'Égypte tout le jour, Rê s'apprête donc à pénétrer chez les morts. Il y coule un fleuve ignoré des vivants. Le dieu soleil échange sa barque d'or pour une autre en bois d'ébène. Il s'est transformé, aussi : il n'est plus le faucon qui plane à midi au-dessus du monde. Il a pris la figure d'un bélier.

Quelques dieux l'accompagnent.

Un grand portail s'ouvre pour les laisser passer. Glissant sur l'eau sombre, la barque de Rê s'enfonce dans les ténèbres.

À la proue, des serpents flamboyants éclairent le fleuve. Des hordes de babouins courent joyeusement sur les rives et l'acclament. C'est qu'ils l'aiment, Rê.

Le courant diminue terriblement et l'embarcation peine à avancer. Bientôt, le fleuve n'est plus qu'un **filet d'eau**. À présent, ce sont les ombres des morts qui tirent la barque. À l'arrière, Rê dirige la manœuvre. Il est harassé, comme ses compagnons. Heureusement, Osiris, le dieu des morts, lui vient en aide. Il l'encourage, lui insuffle sa force. Ouf ! le fleuve à nouveau s'élargit et la barque avance enfin. Rê va pouvoir souffler.

Dormir, dis-tu, Nina ? Bien sûr que non. Regarde !

Du fleuve tourbillonnant émerge soudain un serpent monstrueux, la gueule hérissée de crocs. Apophis ! L'ennemi de Rê. Il fait rouler les flots furieux sur la barque, lui donne des coups de boutoir avec sa queue. **Rê doit périr.** Voilà ce que veut Apophis. Plus de lumière, plus de vie. Le chaos ! Le néant !

Le bateau tangue, mais résiste. Rê est le dieu des dieux, tout de même ! Alors, plongeant sa gueule dans l'eau, Apophis assèche le fleuve. La barque est sur le flanc, à la merci du monstre. Dans une seconde, il va cracher un feu mortel. Mais Rê ne s'avoue pas battu.

– À moi, ô dieu du désert ! crie-t-il.

Alors surgit un colosse roux, terrible, lui aussi. C'est Seth, le serviteur zélé de Rê. Son énorme harpon au poing, il fait face au serpent. Apophis ouvre sa gueule pour l'engloutir, mais déjà Seth a lancé son arme et transperce le flanc du monstre de part en part.

Un flot tumultueux jaillit de la blessure, fait de sang et d'eau bouillonnante. L'eau du fleuve englouti, pardi ! De sorte que la barque de Rê flotte à nouveau. Et, tandis qu'Apophis agonise, le soleil poursuit sa route, avec un rire de vainqueur. Il sait maintenant que nul ne lui barrera la route, il sait que l'univers est sauvé.

C'est ce que hurlent des hommes, sur les rives du fleuve. Ils ont appris la victoire de Rê et viennent lui porter des offrandes.

D'innombrables créatures les accompagnent, certaines à têtes humaines, d'autres à tête de rat, de chèvre, de crocodile, d'hippopotame. D'autres encore ne sont que des ombres. Mais tous, les dieux, les vivants et les morts sont le peuple de Rê. À mesure que l'aube s'approche, leur clameur monte, monte.

Là-bas, un lourd portail s'ouvre, la lumière devient de plus en plus vive. Rê se transforme encore ; cette fois, il prend l'apparence d'un scarabée. Son vol est puissant, majestueux. Ainsi s'élève-t-il dans la clarté magique du matin, pour entamer une nouvelle journée. Étrangement, il semble rajeuni.

Pourtant quelle nuit, n'est-ce pas ? Quelle nuit !

Le soir, tout recommencera. L'immense fatigue, la barque qui s'échoue, le combat contre le monstrueux Apophis. Chaque nuit est semblable à la précédente. Chaque nuit, Rê doit lutter pour sa survie et celle de l'univers.

Ah, la vie du dieu des dieux n'était pas facile, non. *Pensez-y, les enfants, vous qui chaque soir vous endormez paisiblement dans votre petit lit douillet. Comment, Nina ? Tu aimerais que la nuit soit plus longue encore ? Adresse-toi à Rê.*

L' histoire d'Opa

Le petit Poucet

adapté du conte de Charles Perrault
illustré par Pierre Fouillet

Tu te plains toujours d'être le plus petit de la famille, mon Jules.

C'est parce que tu es le plus jeune des enfants.

Benjamin, ça s'appelle. Oui, c'est aussi un prénom.

Ça t'aurait plu, Benjamin ? Moi, je t'aime bien en Jules.

Tu grandiras, tu le sais bien.

Mais être petit a beaucoup d'avantages.

Je vais conter une histoire qui t'en dira un peu plus sur le sujet.

*N*ous sommes chez un bûcheron. Il habite à l'orée de la forêt avec les siens. Une famille bien misérable. Pardi, il faut nourrir neuf personnes, le bûcheron et sa femme ayant sept enfants. Écoute-les réclamer leur nourriture, comme des oisillons affamés ! Et trop jeunes pour travailler. Quant au benjamin, parlons-en ! Pas plus gros qu'un pouce. On l'appelle d'ailleurs le petit Poucet. À part ça, malin comme un singe.

Un soir d'hiver que la faim tenaille les ventres, le bûcheron dit à sa femme : « Voir nos enfants dépérir m'est insupportable. Allons les perdre dans la forêt. »

La bûcheronne proteste. Elle a porté les enfants dans son ventre, elle les a allaités, bercés. Comment pourrait-elle les abandonner ? Le bûcheron n'en démord pas. Demain à l'aube, ils iront perdre les sept enfants dans la forêt.

Le petit Poucet, qui n'est pas loin, entend tout. Il ne s'affole pas. Courant jusqu'au ruisseau qui borde la chaumière, il y ramasse des cailloux blancs. Plein ses poches. Il s'endort sans plus se faire de souci.

Au matin, tout le monde s'enfonce dans la forêt. Et tandis que leurs enfants ramassent des brindilles pour les fagots, les parents s'éloignent peu à peu, puis disparaissent. Quand les enfants s'en aperçoivent, ils pleurent comme des madeleines. Sauf le petit Poucet.

– Allons, mes frères, dit-il. Pour ce qui est
de retrouver le chemin de la maison, fiez-vous à moi.
Et il s'engage résolument sur un sentier. Pourquoi est-il si
sûr de lui ? C'est que, partant de la maison, le malin a semé
derrière lui ses cailloux blancs. De sorte qu'ils rentrent
chez eux en un clin d'œil.
Entre-temps, il s'est passé une chose incroyable. Au retour de
leur terrible promenade, le bûcheron et sa femme ont trouvé
sur la table dix écus. Une dette que leur devait le seigneur du
village. Quelle aubaine ! Ils courent acheter toutes sortes de
victuailles et font ripaille. Et boivent du vin à foison !

Maintenant que le festin s'achève, ils ont des remords. Ils pensent à leurs petits perdus dans la forêt. « Comme j'aimerais qu'ils reviennent ! » pleurniche la femme.

C'est alors que les sept enfants surgissent sur le seuil.

– Nous sommes là ! crient-ils.

La tête des parents ! Ils servent joyeusement à leurs chers petits un bon repas. C'est un bonheur de les voir manger et rire.

Cela dure le temps des dix écus, c'est-à-dire quelques jours. Quand la famine revient, le bûcheron décide de perdre à nouveau les enfants et l'annonce à sa femme.

Le petit Poucet, qui a l'oreille fine, l'entend. « Bah, songe-t-il, je sais ce qu'il faut faire. » Et il s'apprête à courir jusqu'au ruisseau. Mais là, patatras ! la porte est fermée à double tour. Impossible de sortir. Que fait notre petit Poucet ?

Il ramasse **des miettes de pain rassis** sous la table et les enfouit dans ses poches. Elles feront l'affaire. Malin, va ! Puis, il se couche.

Le lendemain, la famille part dans la forêt. Mais beaucoup plus loin, cette fois, car le bûcheron ne veut pas rater son coup. La même chose se répète et les enfants se retrouvent seuls. Le petit Poucet est tranquille : le chemin est semé de miettes de pain !

C'est ce qu'il croit, le pauvre ! Car les oiseaux se sont régalés des miettes. Les sept enfants sont **bel et bien perdus !** Ils tentent de retrouver leur chemin. Hélas, la forêt est immense et les sentiers se ressemblent tous. Lequel prendre ? La nuit vient et, avec elle, le froid, l'obscurité. Les loups rôdent. On entend leurs hurlements, au loin. Ils se rapprochent.

Le petit Poucet, comme ses frères, est terrorisé. Mais c'est le plus futé de la bande. Il monte à un grand sapin pour épier l'horizon. Une lumière brille, là-bas. Voilà enfin où se réfugier. Il redescend à toute allure et entraîne ses frères. Ils trottent dans l'obscurité, haletant, les yeux fiévreux. La lumière disparaît, ressurgit.

Autour d'eux, les taillis craquent de mille bruits. Enfin ils arrivent devant une grande et sombre maison.

Toc ! toc ! toc ! La porte s'ouvre, une femme s'avance.

– Ayez pitié de sept enfants perdus, larmoie le petit Poucet.

La femme les regarde avec des yeux effarés.

– Malheureux ! Savez-vous où vous êtes ? Chez un ogre ! Un mangeur d'enfants ! Fuyez vite !

Les sept frères sont morts de froid, de faim, de peur. Ils n'ont aucune envie de rebrousser chemin. Tant qu'à être mangé, mieux vaut l'être par un ogre, bien au chaud dans sa maison, que par les loups, dans un fossé glacé. Ils insistent pour rester.

– Peut-être le convaincrez-vous de nous épargner, dit le petit Poucet.

L'ogresse, qui a le cœur tendre, les fait entrer. Ils se réchauffent devant la cheminée, où un mouton est en train de rôtir. C'est le souper de l'ogre. La salive vient à la bouche des sept petits, mais un bruit de bottes claque dehors. La femme s'empresse de cacher les enfants sous le grand lit de bois. À peine l'ogre est-il entré qu'il braille :

– Je sens la chair fraîche !

– C'est l'odeur de ce mouton dont tu vas te régaler, dit l'ogresse.

Mais le bonhomme hume l'air à grands coups et finit par regarder sous le lit.

– Qu'est-ce que je disais ? Tu me mens, femme ? Veux-tu finir à la broche, toi aussi ?

D'une main, il attrape les sept enfants. De l'autre, il a déjà saisi son grand couteau. Les tuer maintenant attendrira leur chair.

– Laisse donc ces gringalets, dit la femme. Je vais les engraisser. Et goûte-moi ce mouton doré à point !

L'ogre trouve l'idée plaisante et ordonne à sa femme d'aller coucher les sept frères dans la chambre où dorment leurs filles. Eh oui ! L'ogre et sa femme ont sept petites ogresses.

Comme elles mangent de la chair fraîche, elles ont le teint bien rose. Avec ça, des dents fort pointues, des petits yeux méchants, un nez crochu. Tout le portrait de leur papa. L'ogre les appelle « Mes petites princesses », et il les a coiffées d'une couronne d'or. *Ah la la ! tous les papas sont pareils, Nina !* L'ogresse couche donc les sept frères dans un lit proche de celui des sept filles et va rejoindre son mari. Lequel a tant mangé et tant bu qu'il ronfle déjà sous son édredon.

Dès que l'ogresse a disparu, le petit Poucet s'empresse **d'échanger** les sept couronnes avec les sept bonnets. Pourquoi ? Vous verrez bien.

Pendant la nuit, notre ogre se réveille. Malgré sa tête encore troublée par le vin, il sort du lit, empoigne son couteau. L'idée lui est venue qu'il vaut mieux faire tout de suite ce qu'on a projeté, plutôt que le lendemain. Il va droit au lit des garçons et, voulant agripper leurs cheveux pour mieux les égorger, il rencontre une, deux, trois, jusqu'à sept couronnes. « Tudieu ! marmonne-t-il. L'ivresse m'embrouille ! J'allais tuer mes filles ! » Il file vers l'autre lit et, par sept fois, tranche une gorge. Puis, satisfait, il se recouche.

Le petit Poucet n'a pas bronché d'un poil. Mais dès qu'il entend l'ogre ronfler de nouveau, zou ! il éveille ses frères et ils s'enfuient. Toute la nuit, ils courent sur les chemins.

À l'aube, l'ogre est réveillé par un hurlement. Sa femme vient de découvrir l'épouvantable massacre. L'ogre accourt, voit sa femme évanouie, et les bonnets sur la tête de ses filles. Il comprend qu'il a été joué.

« Vengeance ! » hurle-t-il.

Enfilant ses bottes de sept lieues, il s'élance dans la campagne. Disons un mot sur ces bottes : elles sont fées. Celui qui les chausse peut enjamber des collines, sauter des fleuves, aller plus vite que le vent.

Aussi l'ogre va-t-il aisément rattraper les fuyards, qui s'approchent de leur logis.

Voyant l'ogre arriver, ils se faufilent à l'abri d'un rocher. Pas de chance ! Épuisé par sa course, l'ogre s'y affale lourdement. Les enfants paniquent ! Mais un ronflement les rassure bientôt. L'ogre s'est endormi.

Une idée vient au petit Poucet.

Tandis que ses frères filent chez eux, le malin ôte à l'ogre ses bottes et les enfile.

Tu dis, Jules, que ses pieds sont trop petits pour des bottes pareilles ?

Exact. Mais j'ai dit que les bottes étaient fées. Elles rapetissent et s'adaptent parfaitement aux pieds du petit Poucet.

Voilà l'ogre rendu inoffensif. En plus, il est perdu, car il est loin de sa maison. Ça lui apprendra à manger des enfants !

Le petit Poucet, à son tour, bondit par-dessus les collines, les rivières, les forêts. Où va-t-il donc ? Chez le roi, où l'on a toujours besoin de courriers rapides. Pour porter des messages d'amour, pour gagner des batailles, pour ordonner qu'on fasse ceci ou cela, et au plus vite.

Les bottes de sept lieues font merveille ! Peu à peu, notre petit Poucet se rend indispensable et récolte, ma foi, de jolis sacs d'écus. Si bien qu'un jour, lassé de courir partout et fort riche, il rentre au logis de ses parents. Sa famille l'y attend, qui l'accueille joyeusement, lui et, bien entendu, ses sacs d'écus.

Petit, le Poucet, mais de grande malice, non ?

Jules, es-tu rassuré ?

L' histoire de Nina

Les habits du petit arbre

illustré par Fabienne Pierron

Moi, j'aime que Jules soit petit.

Comme ça, je peux l'enguirlander quand il m'enquiquine.

S'il était grand, je ne pourrais pas.

Déjà que même petit, il m'embête, alors… C'est vrai, maman !

Bon, comme j'aime les petites choses,

j'ai inventé une petite histoire qui parle d'un petit arbre.

Allez, j'y vais.

J'aime l'automne. Mon automne à moi, dans le jardin d'Oma, est rouge et jaune, marron chocolat, et un peu vert encore. C'est joli comme ma pâte à modeler quand je mélange toutes les couleurs.

Un jour de tempête, les feuilles marron chocolat tombent. Je n'aime pas ça. J'ai toujours peur qu'elles se fassent mal. J'en ramasse quelques-unes au hasard. C'est injuste, je sais, mais elles sont trop nombreuses pour que je les prenne toutes.

Je les installe dans un coin de ma chambre.

Elles n'ont besoin de rien. Ni de miettes ni d'eau. Juste une
caresse de temps en temps, un mot doux, une chanson.
C'est ainsi que je les apprivoise. Je sais y faire. Ça dure tout
l'hiver. La nuit, je les entends chuchoter comme des souris.
Le premier jour du printemps, je les pose sur l'appui de
fenêtre. L'une après l'autre, elles s'envolent. Savez-vous où
elles vont ? Sur le petit arbre tout nu dans la campagne, qui
frissonne en attendant ses feuilles.
Je leur ai demandé en secret. Parce que le petit arbre est
mon ami.

L' histoire de Mamielle

Comment Chang'e vola jusqu'à la lune

adapté d'un conte traditionnel chinois
illustré par Stéphane Girel

Elle est très poétique, ton histoire, Nina.
Et puis ça montre que tu es généreuse, pour penser aux arbres
déplumés en hiver. À moi aussi, ils me font de la peine.
On a envie de les protéger, n'est-ce pas ?
Tout comme cette pauvre femme qui vit dans la lune.
Connaissez-vous son histoire ? Non ?
Laissez-moi vous la raconter.

*I*l était une fois, dans l'immense royaume de Chine, un archer nommé Yi. C'était un héros fameux, sur terre comme au ciel. On l'appelait l'Archer céleste.

Autrefois, Yi avait abattu de ses flèches neuf des dix soleils qui menaçaient de dessécher le pays, tant ils brûlaient. Il chassait les dragons, les traquait et les tuait sans pitié. On ne comptait plus les animaux monstrueux qu'il avait vaincus. Partout où on avait besoin de lui, il était présent. Avec ça, aimable, simple, généreux. **Les gens l'adoraient.**

Un jour qu'il chassait dans la forêt, il rencontra une jeune fille portant une jarre qu'elle venait de remplir au ruisseau. La course l'ayant assoiffé, Yi la pria de lui donner à boire. Elle le fit avec tant de grâce qu'il en tomba amoureux sur le champ. De son côté, la belle Chang'e fut charmée par le chasseur. Dans l'ombre douce des arbres, les jeunes gens n'entendirent plus que le bruit de leur cœur.

Chang'e était orpheline, Yi un solitaire. Si bien qu'ils se marièrent au plus vite, empressés de vivre ensemble. Aussi ne se quittèrent-ils plus. Ils allaient et venaient sur la terre de Chine sans se lasser l'un de l'autre. Leur amour était éclatant.

L'empereur céleste eut vent de ce bonheur et s'en fâcha. Un héros tel que Yi méritait mieux qu'une orpheline ! D'une voix tonnante, l'empereur lui ordonna de regagner le ciel, parmi la troupe des héros et des dieux. Qu'il oublie cette fille et retrouve son rang d'immortel !

Yi refusa. Il chérissait trop son épouse. D'ailleurs, la vie sur terre lui plaisait. Il aimait chasser dans les montagnes, se baigner dans les lacs, et sentir le parfum des fleurs, la caresse du vent.

L'empereur fut saisi d'une noire colère. Il interdit le ciel à Yi, qu'il condamna à vivre sur terre, comme un simple mortel. L'Archer céleste accepta le châtiment. Pourtant il n'avait nulle envie de mourir, ni surtout de voir mourir Chang'e. Il songea alors à la reine d'Occident, qui vivait sur les monts Kunlun. Cette femme possédait **la pilule d'immortalité.**

Il allait la ramener, voilà tout. « Ainsi, dit-il à Chang'e, nous serons immortels et notre amour sera éternel. » Il prit son arc rouge, garnit son carquois de flèches blanches puis enfourcha Kuan-Ti, son fidèle cheval.

Le voyage fut long jusqu'aux monts Kunlun. Il fallut traverser d'immenses déserts, des forêts sombres et peuplées d'animaux féroces. Il fallut escalader des montagnes vertigineuses, longer de profonds ravins. Mais Kuan-Ti galopait sans relâche et ils parvinrent jusqu'au Grand Fleuve. C'était un obstacle réputé infranchissable. L'eau était semblable à de la brume. Une libellule s'y posant était immédiatement engloutie.

Yi cueillit sur la berge des joncs aussi fins et légers que des cheveux de femme. Il les tissa patiemment, jusqu'à fabriquer un radeau sur lequel il embarqua avec Kuan-Ti. S'aidant de son arc comme d'une perche, il atteignit aisément l'autre rive.

Devant lui se dressait la montagne de feu, un brasier énorme dont les flammes se tordaient comme des bras démesurés. Yi tira de sa besace la peau d'un dragon qu'il avait tué autrefois. Elle était assez vaste pour couvrir monture et cavalier.

Yi n'eut qu'un mot à dire et Kuan-Ti se rua dans le brasier. Les flammes **tourbillonnaient** furieusement autour d'eux. Mais le cheval galopait si vite, si fort qu'il parvint de l'autre côté du brasier sans même sentir la morsure du feu sur ses sabots.

Ainsi Yi entra-t-il dans le royaume de la reine d'Occident qui l'attendait. Elle connaissait le héros de réputation et le reçut avec chaleur. Quand elle sut ce qu'il voulait, elle frappa dans ses mains. L'oiseau à trois pattes, le gardien de l'arbre d'immortalité, se posa près d'elle.

– Va donc chercher une pilule pour notre hôte. Et qu'elle soit assez puissante pour deux.

L'arbre d'immortalité ne donnait des fruits qu'une fois tous les trois mille ans ; la récolte était maigre et les pilules, fabriquées à partir des pêches, choses précieuses. L'oiseau à trois pattes revint avec une calebasse contenant la pilule.

– Vous serez donc tous deux immortels, dit la reine. Mais prends garde, ô Archer céleste. Partagez-la avec soin. Quiconque l'avalera seul s'envolera dans le ciel. La terre de Chine lui sera à jamais interdite.

Yi s'inclina. Qui serait assez fou pour désobéir à ce sage conseil ? Il remercia la reine et, enfourchant son cheval, repartit vers l'Est. **Il avait hâte de revoir Chang'e.**
C'est ainsi que l'histoire aurait dû se finir.
Je le vois à votre sourire, mes chers petits.
Hélas, ce ne fut pas le cas.
Yi retourna donc chez lui et serra Chang'e contre son cœur. Il lui confia la calebasse et dit :
– Nous attendrons un jour favorable pour partager la pilule d'immortalité. Alors rien ne pourra plus nous séparer.
Chang'e était si émue qu'elle pleura de bonheur. Ils vécurent ainsi quelque temps dans l'insouciance.
Comme Yi était un archer incomparable, de nombreux jeunes gens le visitaient afin qu'il les initie au maniement de l'arc. Yi s'y pliait avec bienveillance.

Un jour, il accueillit un nommé Feng Meng. C'était un excellent archer et il devint un de ses élèves les plus habiles. Au point qu'il se piqua de dépasser son maître. Naturellement, il n'y parvint pas. **La jalousie rongeait son cœur.**
Qui lui apprit que Yi détenait une pilule d'immortalité ? Je ne saurais dire. Un jour que Yi chassait, Feng Meng alla trouver Chang'e et pointa sur elle son arc garni d'une flèche :
– Donne-moi la pilule d'immortalité, ou je te tue.
La jeune femme le regarda avec surprise.
– Pourquoi veux-tu **trahir** ton maître ?
– Je veux qu'il meure avant moi. Ainsi, je serai le plus grand archer de l'univers, et pour l'éternité. Donne donc.

Chang'e blêmit. Yi aurait-il tant lutté pour être ainsi dépossédé par cette canaille ? C'était insupportable.
– Je t'obéis, seigneur, dit-elle d'une voix soumise.
L'archer ricana, sûr de lui. Il vit Chang'e prendre la calebasse, lui tendre la pilule. Il baissa son arc, avança la main.
Alors Chang'e avala la pilule. Puis elle bouscula Feng Meng et s'élança au dehors. Elle n'avait pas fait trois pas qu'elle s'envolait déjà vers le ciel immense.
Comme la reine d'Occident l'avait dit.

Chang'e parvint jusqu'à la lune, où il lui fut permis de se poser. C'est là qu'elle vécut désormais pour l'éternité, puisqu'elle était devenue immortelle. Et condamnée à être seule.

On dit que Yi, inconsolable, passait ses nuits à épier la lune en murmurant le nom de sa chère épouse. Tout comme Chang'e guettait la terre en songeant à son cher mari.

Voilà comment finissent les contes, parfois. J'en suis désolée, mes chéris.

Aujourd'hui encore, certaines nuits de pleine lune, on peut entendre le chant de la pauvre Chang'e qui dit son amour éternel à Yi, l'Archer céleste.

L' histoire de Maman

Kiziah, la maman crocodile

adapté d'un conte africain
illustré par Izou

L'histoire de Mamielle est un peu triste. Elle commence bien
et finit mal. Tout ça, à cause d'un vilain bonhomme.
Dans celle que je vais conter, nul méchant, ni crapule ou monstre.
Il y a bien quelques crocodiles affamés
et menaçants mais ça, c'est normal.
En Afrique, où se passe mon récit, c'est même très fréquent.

*L*e village de Semeni est posé au bord de la mer comme un coquillage sur le sable. Le bruit des vagues, le cri des mouettes, tout est familier.

Chacun ici regarde la mer **comme une amie.** Aussi Semeni lui confie-t-elle souvent sa fille Akua, lorsqu'elle travaille aux champs avec Oko, son mari.

Les vagues sont joueuses et font à la petite Akua de jolis colliers d'écume. Parfois, une mouette se pose près d'elle et bavarde.

Mais un jour, au retour des champs, Semeni ne retrouve pas sa fille. La plage est déserte et la mer a effacé toute trace d'Akua. Semeni court avec Oko le long de la plage. Ils n'y trouvent que les grains du sable.

C'est que la mer a emporté Akua.

Je la vois, moi qui conte cette histoire. Akua est loin déjà, soulevée par les vagues, qui l'emmènent au-delà de l'horizon. Elles déposent la fillette sur un rivage aussi blanc qu'un os de seiche. Elle a froid, elle a peur. Elle appelle sa mère. Bien sûr, personne ne lui répond, pauvre Akua.

Voilà qu'arrive Kiziah, une vieille dame crocodile. Sa queue fouette le sable comme si elle était en colère. Mais pas du tout. Elle est seulement curieuse, très curieuse.

– Qui es-tu ? demande-t-elle.

Akua se nomme et raconte d'où elle vient. Son histoire arrache **des larmes** à Kiziah, qui n'a jamais eu d'enfant.

– Grimpe sur mon dos, Akua. Je t'emmène chez moi.

Elles s'enfoncent dans les marais et parviennent au village de Kiziah. Chaque hutte de terre et de paille abrite des crocodiles. Lorsqu'ils voient cette fillette fort dodue, hmmm, ils se lèchent les babines. Tous. Grands et petits, jeunes ou vieux. Ils s'approchent, les yeux brillants. « Cette chair tendre rôtie sur le feu, hmmm, quel régal ce serait ! » songent-ils.

Mais Kiziah leur dit :
– Cette petite est ma protégée.
Je vous défends d'y toucher.
Et, ouvrant sa large gueule vers
le ciel, elle pousse un cri pareil
à un coup de **tonnerre**. Alors
les nuages se déchirent et une
trombe d'eau s'abat sur le village.

Elle arrache le toit des huttes, bouscule les crocodiles, les jette pêle-mêle dans la boue. Puis Kiziah lève une patte et la tempête cesse.

Les crocodiles s'empressent de disparaître. Kiziah est magicienne, elle commande aux nuages, aux vents. Mieux vaut ne pas la contrarier. Mais certains murmurent : « Quand elle mourra, la petite sera pour nous ! »

Et ce jour est proche, pensent-ils, car Kiziah est très vieille.

Cependant le temps passe et Kiziah ne meurt pas. Elle connaît les philtres magiques qui font vivre longtemps, longtemps.

Akua pense souvent à Semeni, sa mère, à Oko, son père. Mais Kiziah a pour elle beaucoup d'amour, de tendresse.

Akua appelle Kiziah maman crocodile. Et Kiziah appelle Akua sa fille de la mer.

Peu à peu, Akua devient une belle jeune fille. Aux yeux des crocodiles, elle est de plus en plus appétissante. Par le Grand Mamiwata ! Comme elle est dodue ! Elle serait succulente ! Mais on craint toujours la vieille Kiziah et personne ne touche à un cheveu d'Akua.

Un jour, pourtant, les crocodiles dressent un bûcher sur la place du village. Akua s'en inquiète et demande :

– Pourquoi entasser tout ce bois ?

– Si Kiziah vient à mourir, nous brûlerons son corps pour lui faire de belles funérailles, répond un crocodile.

Akua en parle à Kiziah qui, devenue fort vieille, ne sort plus désormais de sa hutte.

– Ils mentent, dit Kiziah. Si je meurs, ce bûcher servira à te rôtir, ma belle. Ils s'impatientent, les voraces.

75

Le cœur de la magicienne est dévoré d'inquiétude.

– Pars, Akua, supplie-t-elle. Aujourd'hui, ils me craignent encore mais je m'affaiblis de jour en jour.

Akua ne veut pas quitter sa maman crocodile.

– Je mourrai paisiblement si je te sais à l'abri. Pars, ô ma fille de la mer !

Kiziah sort d'un sac une longue corne d'antilope noire comme l'ébène.

– Cette corne est **magique**. Elle te ramènera là d'où tu viens.

Akua prend la corne, aussi légère qu'une plume d'ibis. Son visage est sillonné de larmes. Mais elle sait que Kiziah a raison. Elle entoure de ses bras le cou rugueux et crevassé de sa maman crocodile et toutes deux s'embrassent une dernière fois.

La nuit venue, Akua court jusqu'à la mer. À peine est-elle entrée dans l'eau que la corne d'antilope, fendant les flots comme la proue d'une pirogue, l'emmène au loin.

C'est cette nuit-là que meurt Kiziah. Sa dernière pensée est pour sa fille humaine, **qu'elle a tant chérie.**

Et la corne d'antilope mène Akua jusqu'au rivage où elle a disparu autrefois. Tout près du village de ses parents.

Une femme marche tristement sur le sable, guettant l'horizon. C'est Semeni, sa mère, qui vient ici chaque matin. Et voilà qu'aujourd'hui, après tout ce temps, la mer va lui rendre sa fille.

Mais, chut, Nina ! Chut, Jules ! elle ne le sait pas encore.

Semeni ! ô Semeni ! Comme tu vas être heureuse...